AF285055

Indien

lieben lernen

Der perfekte Reiseführer für einen un-
vergesslichen Aufenthalt inkl. Insider-
Tipps, Tipps zum Geldsparen und
Packliste

Linda Seidel

✈ INHALT

Das erwartet Sie in diesem Buch

Haben Sie das Bedürfnis, aus Ihrem Alltag auszubrechen und Ihren Gewohnheitstrott hinter sich zu lassen? Sie wollen etwas Neues erleben und wissen nicht genau, was? Entscheiden Sie sich für eine Reise und lernen Sie Ecken der Welt kennen, die Sie sonst nur aus Reisekatalogen kennen. Wagen Sie etwas Neues und brechen Sie auf nach Indien! Dieser Ratgeber bietet Ihnen eine Einstiegshilfe in Ihre Reise und soll Sie im Voraus mit Informationen, Hintergründen,

Erzählungen und persönlichen Tipps versorgen. Sie werden verstehen, warum es nicht „das eine Indien" gibt, sondern unzählige verschiedene Facetten davon.

Eine Stadt möchte ich Ihnen auch noch genauer vorstellen und zwar das in Südindien gelegene Bengaluru. Es ist ein guter Startpunkt für Ihre erste Indienreise und von dort aus können Sie Ihrem Reisedrang freien Lauf lassen. Sie erhalten Informationen, was in Ihren Rucksack unbedingt mit hinein sollte, wie Sie sich am besten fortbewegen können, was es beim Zugfahren zu beachten gibt und wie viel Trinkgeld man gibt. Sie haben nur ein begrenztes Budget zur Verfügung? Kein Problem, ich verrate Ihnen, wo Sie für fünfzig Cent garantiert satt werden.

Doch man muss der Realität ins Auge blicken, Indien ist nicht nur Yoga und Sich-selbst-finden. Es ist ein Land voller Gegensätze und Widersprüche und trotzdem zieht es jährlich Millionen von Touristen an, die mehr über das Land erfahren wollen. Also, lehnen Sie sich zurück und versuchen Sie, sich auf dieses neue Land einzustimmen.

Eine Reise nach Indien

NÜTZLICHE HINTERGRUNDINFORMATIONEN

Bei der ersten Reise nach Indien kann das Land etwas überfordernd wirken – ein ständiger Geräuschpegel, viele Menschen und andere Sinneswahrnehmungen strömen kontinuierlich auf einen ein. Deshalb ist es sinnvoll, sich mit ein paar Fakten vertraut zu machen, um die Rahmenbedingungen besser zu verstehen.

Fakten zum Einstieg

In Indien leben 1,2 Milliarden Menschen und damit ist es, gleich hinter China, das bevölkerungsreichste Land der Welt. Die Fläche, auf der die Menschen leben, ist fast zehnmal so groß wie die Deutschlands, d.h. Indien ist der siebtgrößte Staat der Welt. Insgesamt gibt es 28 Bundesstaaten und die Hauptstadt ist Neu-Delhi. Wer einmal Indien von Norden nach Süden durchqueren will, muss dafür fast 4000km zurücklegen.

Um diese Zahl etwas besser einordnen zu können: das wäre die Strecke von Lissabon nach Minsk in Belarus. Daher ist es auch verständlich, dass die Touristen in Indien auf ihrer Reise nicht alle Regionen des Landes sehen und kennenlernen werden, denn dafür ist einfach zu groß. Es ist schwierig, von „dem Indien" zu sprechen, da sich durch die große Distanz zwischen Norden und Süden viele Unterschiede in Klima, Essen, Kleidungsstil, Lebensweise und Wirtschaft ergeben. Der Norden gilt als ärmer, da er von Landwirtschaft geprägt ist, aber bietet mit seinen nördlichsten Regionen und der Nähe zum Himalaya atemberaubende Landschaften. Der Süden kann eine stärkere Industrie aufweisen und hat ein deutlich höheres Pro-Kopf-Einkommen als der Norden. Vor Ihrer Indienreise sollten Sie sich darüber klar werden, ob Sie in den Norden oder Süden reisen wollen. Außer Sie haben länger Zeit und können beide Teile bereisen. Nehmen Sie sich Zeit zum Reisen und haken Sie nicht einfach alle Sehenswürdigkeiten Indiens hintereinander ab.

In Indien sind die verschiedensten ethnischen Gruppen und Religionen vereint, die man sich vorstellen kann. Von indigenen Bevölkerungsgruppen über Buddhismus, Christentum, Sikhismus und Jainismus bis hin zum Islam und natürlich Hinduismus. Mit über 80% stellen die Hindus die Mehrheit dar. Auf den ersten Blick wirkt es wie ein friedliches Zusammenleben verschiedenster Gruppen, doch zwischen Hindus und Muslimen gibt es seit Jahrzehnten Konflikte, die auch schon zu gewalttätigen Ausschreitungen geführt haben. Die wirtschaftliche Situation Indiens hat sich über die Jahre verbessert, was sich in steigenden Wachstumsraten niederschlägt.

Trotzdem gibt es große Armut in dem Land, vor allem in ländlichen Gebieten. Ungefähr die Hälfte der Bevölkerung ist im Agrarsektor beschäftigt. Laut den Vereinten Nationen ist fast jedes zweite Kind unter fünf Jahren in Indien unterernährt. Die wachsende Ungleichheit zeigt sich auch darin, dass es nur in den USA und in China mehr Milliardäre gibt als in Indien. Ein Kontrast, der einem in Indien öfter begegnen wird und den man nicht verstehen wird. Touristen passiert es oft, dass sie mit den Armutssituationen konfrontiert werden und überfordert sind. Sie wissen nicht, wie sie auf bettelnde Menschen und vor allem auf bettelnde Kinder reagieren sollen. Auch wenn vermutlich größere Banden dahinter stecken, die bettelnde Menschen systematisch auf die Straße schicken, sind ein paar Rupien kein nennenswerter Betrag für einen Europäer. Aus Erfahrung kann ich sagen, dass man mit der Zeit leider abstumpft und, wie die meisten anderen Menschen, einfach weitergeht.

Sprachen und Schrift

Dass nicht alle der 1,2 Milliarden Menschen die gleiche Sprache sprechen, scheint naheliegend, denn ein sogenanntes ‚Indisch' existiert nicht. Hindi und Englisch gelten als Amtssprachen. Es gibt jedoch eine Vielzahl weiterer offizieller Sprachen und Dialekte. Allerdings gibt es keine eindeutige Zahl, wie viele

Sprachen tatsächlich in Indien gesprochen werden, da der Übergang von Sprache zu Dialekt fließend ist und die Zählungen somit von 120 bis über 1000 Sprachen reichen.

Durch die große Sprachenvielfalt wachsen die meisten Kinder gleich mehrsprachig auf und lernen zum Beispiel die lokale Sprache und spätestens ab dem Schuleintritt Hindi und Englisch (das Niveau kommt auf die Schule an). Mehrsprachigkeit ist also in Indien nichts Außergewöhnliches, es ist eher die Ausnahme, wenn jemand nur eine Sprache spricht. Nicht zu vergessen sind die Schriften, die ebenfalls variieren. Wenn Sie also von einer Stadt in eine andere reisen, ist es wahrscheinlich, dass Schrift und Sprache auch eine andere sind. Um auf der sicheren Seite zu sein, sollten Sie sich englische Grundlagen und vielleicht ein paar Sätze Hindi aneignen. Denn schon mit einem „Theek hai" (Okay/ gut/ einverstanden/ passt) lassen sich viele Situationen lösen. Auch wenn das Englischniveau sehr unterschiedlich ausfällt, können die meisten zumindest ein paar Schlüsselwörter, sodass es zu einer Verständigung kommt.

Geschichtlicher Hintergrund

Über die Geschichte Indiens gäbe es natürlich Bände zu erzählen, aber beschränken wir uns hier auf eines der prägendsten Ereignisse in der neueren Geschichte, die britische Kolonialherrschaft in Indien. Die englische Herrschaft begann bereits 1757 durch die Ostindiengesellschaft, bis 1877 Königin Viktoria als Kaiserin von Indien ausgerufen wurde. England nutzte Indien als Rohstoffproduzenten aus und behandelte die Bevölkerung mit Herablassung. Es gab verschiedene Rebellionen und Proteste gegen die englische Herrschaft in Indien, die teils blutig niedergeschlagen wurden.

Während des Zweiten Weltkriegs kämpften zwei Millionen Inder in der britischen Armee. Durch den Zweiten Weltkrieg und das Wegfallen der Importe kam es zu dramatischen Hungersnöten in Indien. Dadurch wurden die Forderungen nach der eigenen Unabhängigkeit immer lauter. Zwei zentrale Figuren dabei sind Jawaharlal Nehru und Mahatma Gandhi. Gandhi rief bereits in den 1920-er Jahren zu indienweiten gewaltfreien Protesten gegen die britische Herrschaft auf, die trotz der Inhaftierung Gandhis weiterliefen. 1947 war die Unabhängigkeit

Indiens unaufhaltsam. Erster Premierminister wurde Jawaharlal Nehru, der zusammen mit Gandhi für die indische Unabhängigkeit kämpfte und fast 17 Jahre lang in seinem Amt einen säkularen Nationalismus vertrat. Mit der Unabhängigkeit Indiens ging auch die Teilung Indiens in den muslimischen Staat Pakistan und Indien einher. Pakistan war bis dahin noch Teil Indiens gewesen und erlangte 1947 ebenfalls seine Unabhängigkeit.

Die Teilung hatte jedoch dramatische Folgen für die jeweiligen Minderheiten in den Ländern, die durch Flucht, Vertreibung, Umsiedlung und circa einer Millionen Toten zu Buche gingen. Denn Pakistan war durch das Gebiet von Indien in Ost- und West-Pakistan geteilt. Zwei räumlich voneinander entfernte Territorien versprechen nichts Gutes. Nach gewaltsamen Konflikten und Kriegen wurde Ost-Pakistan 1971 unabhängig, was die Geburtsstunde des Staates Bangladesch war. Bis heute gibt es zwischen Indien und Pakistan religiös motivierte Konflikte, vor allem um die Grenzregion Kaschmir. Die Spaltung zwischen Hindus und Muslimen führte zu der Ermordung Gandhis durch einen Hindunationalisten, da sich Gandhi für die Rechte der muslimischen

Minderheit in Indien einsetzte.

An die Unabhängigkeit Indiens wird jedes Jahr mit dem nationalen Feiertag des Independence Day am 15. August erinnert. Pakistan feiert seinen Unabhängigkeitstag am 14. August. Indien hat darüber hinaus noch zwei weitere nationale Feiertage. Dazu zählt der Republic Day am 26. Januar, der an das Inkrafttreten der indischen Verfassung 1950 und damit an den Übergang zur Republik erinnert. Dritter nationaler Feiertag ist Gandhi Jayanti, wobei man den Geburtstag Mahatma Gandhis am 02. Oktober 1869 feiert. Hinzu kommen zahlreiche andere Feiertage, die je nach Region und Glaubensrichtung variieren. Zwei der vermutlich bekanntesten Feste sind Holi und Diwali. Holi wird auch Frühlings- oder Farbenfest genannt, das meistens Mitte März stattfindet, das genaue Datum variiert jährlich. Mit bunten Farbpulvern feiert man den kommenden Frühling und den Sieg des Guten über das Böse. Für indische Familien ist es eine Zeit des Besuchens und Zusammenkommens. Wer kein Farbpulver abbekommen will, sollte an diesen Tagen möglichst nicht nach draußen gehen, denn die Farbpulver und Farbwasser fliegen auf der Straße wild umher. Diwali hingegen ist das hinduistische Lichterfest, das zwischen Oktober und November gefeiert wird. Die Menschen dekorieren ihre Häuser und stellen Diyas auf. Diyas sind kleine tönerne Öllampen, die Sie zahlreich in und um die Häuser sehen werden. Auch wenn dies zwei Feste des Hinduismus sind, werden sie in ganz Indien von den verschiedensten Gruppen gefeiert, unabhängig davon, welcher Religion sie angehören.

Die größte Demokratie der Welt

In der politischen Landschaft hat sich Indien einen Namen als bevölkerungsreichste Demokratie der Welt gemacht. Seit der Unabhängigkeit 1947 wurde ein demokratisches System mit Gewaltenteilung und föderalistischen Strukturen gefestigt. Es gibt verschiedene politische Parteien, eine Verfassung, einen Präsidenten und einen Premierminister. In Anlehnung an das britische System gibt es ein Unter- und ein Oberhaus. Der Präsident steht an der Spitze des Staates und wird alle fünf Jahre von einem Wahlkollegium gewählt. Der Premierminister, der die eigentliche Macht innehat, wird von dem Präsidenten ernannt und alle fünf Jahre von dem indischen Unterhaus formal gewählt. Eine Legislaturperiode des

Parlaments dauert fünf Jahre. Wahlen in Indien sind aufgrund der Größe des Landes eine logistische Herausforderung und finden über mehrere Wochen statt.

Seit 2014 ist Narendra Modi der Premierminister Indiens. Er gehört der hindu-nationalistischen Partei BJP an, die den Hinduismus als Grundlage der indischen Republik ansieht und damit die Säkularität des Landes ins Wackeln bringt. Durch die klare religiöse Haltung der herrschenden Partei nahmen im Land die religiös motivierten Gewalttaten, vor allem gegen Minderheiten, zu und der Konflikt zwischen Hindus und Muslimen flammt wieder neu auf. Trotz des etablierten demokratischen Systems sieht sich Indien vor großen Herausforderungen, die nicht weniger als den Bildungs-, Gesundheits- und Wirtschaftssektor betreffen. Zusätzlich gibt es noch Unabhängigkeitsbestrebungen einiger Regionen, die teilweise in militanten Untergrundorganisationen münden. Nicht zu vergessen sind die Korruptionsskandale, die regelmäßig die politische Landschaft Indiens bis in die höchsten Kreise erschüttern.

Währung und Geld

In Indien sind Rupien die Währung (engl. rupees, Abkürzung INR), wobei ca. 80₹ einem Euro entsprechen, was von dem aktuellen Wechselkurs abhängt. Dadurch sind die Lebenshaltungskosten niedriger als in Deutschland und vor allem Essen und Nah- und Fernverkehr sind günstig zu haben. An Geld kommen Sie, indem Sie an einem beliebigen Geldautomaten, ATM genannt, mit Ihrer Kreditkarte Geld abheben. Manchmal kommt es vor, dass die Geldautomaten nicht funktionieren oder kein Geld mehr haben, deswegen sollten Sie immer etwas im Voraus abheben. Am Ende jeder Bargeldabhebung können Sie den Beleg mitnehmen, was ich Ihnen rate, da es ein Nachweis ist, wie viel Sie abgehoben haben.

Manche Kreditkarten werden nach der ersten Benutzung in Indien gesperrt, auch wenn die Kreditkarte weltweit funktionieren sollte. Um unangenehme Situationen zu vermeiden, können Sie im Voraus Ihrem Geldinstitut eine kurze Mitteilung zukommen lassen, dass Sie in den nächsten Wochen verreisen werden. In Indien können Sie in vielen Geschäften, Restaurants, Hotels etc. mit Karte bezahlen. Bei manchen funktioniert sogar die Maestro

Girokarte. Wer mit ein paar Rupien in der Tasche in Indien ankommen möchte, kann im Voraus Geld wechseln lassen, wobei Sie mit hohen Gebühren rechnen müssen.

Die meisten Flughäfen haben einen Geldautomaten, an dem Sie gleich Ihre ersten Rupien abheben können. Achten Sie darauf, dass Sie keine 500₹-Scheine annehmen, die sind nämlich 2017 entwertet worden und sind somit wertlos und werden auch von keinem Geschäft akzeptiert.

FORTBEWEGUNGSMÖGLICHKEITEN

Ein bewährtes Mittel, um die großen Distanzen in dem Land zu überbrücken, sind Züge. Zugfahrten in Indien dauern aufgrund der Größe des Landes oft mehrere Tage (und auch Nächte) und sind auf jeden Fall eine Erfahrung wert. Die Züge sind an die langen Zugfahrten angepasst und haben ein großes Angebot an Schlafwägen. Ein Abteil umfasst normalerweise sechs Schlafliegen, drei auf jeder Seite. Die Liegen sind übereinander angebracht und lassen sich tagsüber an die Wand klappen, sodass man zu dritt auf der untersten Liege sitzen kann.

Wer ungestört sein möchte, bucht sich am besten eine oberste Liege, da diese unabhängig vom Liege- oder Sitzwunsch der anderen Fahrgäste ist. Bei der Ticketbuchung sollten Sie auf die gebuchte Klasse achten, denn es gibt mehr als nur 1. und 2. Klasse wie in Deutschland. Eine erste Unterscheidung beläuft sich auf AC und Non-AC, was so viel heißt wie klimatisiert und nicht klimatisiert. Die AC-Züge sind teurer als die ohne Klimaanlage und etwas komfortabler ausgestattet. Wer in AC fährt, sollte auf jeden Fall ein Tuch/ Jacke etc. dabei haben, da die Klimaanlagen die Waggons teilweise in Kühlschränken verwandeln.

Innerhalb der AC-Wägen gibt es 3AC, 2AC und manchmal auch 1AC. Die Nummer vor dem AC besagt, wie viele Schlafliegen auf einer Seite sind. 3AC ist die gängigste Form, wo drei Liegen auf einer Seite sind, zwei bei 2AC und so weiter. Je weniger Liegen in einem Abteil, desto teurer der Ticketpreis. 3AC ist für Touristen und vor allem für Alleinreisende empfehlenswert, da die meisten Mitfahrenden und der Schaffner Englisch sprechen, was bei einer längeren Zugfahrt angenehm ist. Denn für gewöhnlich entwickeln sich nach ein paar Stunden die ersten

Gespräche mit den Mitreisenden. Das ist natürlich auch eine ideale Gelegenheit, um mehr von den Menschen vor Ort über ihr Land zu erfahren. Wer dennoch etwas günstiger reisen möchte, kann auf die Sleeper-Klasse ausweichen. Das sind Wägen mit immer drei Schlaffliegen auf einer Seite (wie bei 3AC), aber nicht klimatisiert.

Die Versorgung vor allem auf langen Zugfahren ist durch zahlreiche Händler gesichert, die durch den Zug laufen und ihre Speisen oder Getränke verkaufen. Der Zug selbst verfügt auch über eine Zugküche, bei der man Essen bestellen kann. Wer skeptisch ist und dem Essen nicht so ganz traut, kann sich natürlich auch auf abgepacktes Essen wie Chips oder Nüsse beschränken. Ein Ticket können Sie online buchen, wobei Sie hierfür am besten einen indischen Freund fragen, da Sie einen Account oder indische Kreditkarte brauchen. Ansonsten können Sie Ihr Ticket an einem Ticketschalter im Bahnhof oder in Reisebüros kaufen.

Das Zugnetz, das ganz Indien erfasst, wurde mithilfe der Briten zu Zeiten der Kolonialismus gebaut. Die indische Eisenbahn transportiert jährlich über acht Milliarden Reisende und ist einer der weltweit größten Arbeitgeber. Durch das gut ausgebaute Streckennetz ist die Anbindung aller Regionen gesichert. Es braucht lediglich etwas Zeit, da sich die Züge mit eher niedrigen Durchschnittsgeschwindigkeiten fortbewegen. Vor allem im Winter kann es in den nördlichen Regionen zu großen Verspätungen kommen, da aufgrund von starkem Nebel die Züge teilweise nur Schrittgeschwindigkeit fahren können und sich so die Zugreise schon mal um einen Tag verlängern kann.

EINEN GUTEN (KLIMATISCHEN) ZEITPUNKT FÜR DIE REISE FINDEN

Aufgrund der Größe Indiens herrschen unterschiedliche klimatische Bedingungen. Im Norden und Nordosten, wo die Bergregionen des Himalayas beginnen, herrscht ein gemäßigtes bis alpines Klima, wo es im Winter auch zu Schneefällen kommt. Die restlichen nördlichen und zentral gelegenen Regionen haben ein subtropisches Klima, bis hin zu den südlichen Teilen, wo ein tropisches Klima herrscht.

In den nördlichen Regionen sind die Temperaturschwankungen am stärksten, da sie von wenigen Grad im Winter bis auf über 40 Grad im Sommer steigen. Im Süden hingegen ist es konstant heiß, wobei es im Sommer unerträglich heiß ist und im Winter ungefähr deutsche Sommerwärme hat (ca. 25 Grad). Ein Faktor, der noch wichtiger als die Temperatur ist, ist der Monsun. Der Monsun umfasst nahezu den gesamten Niederschlag des Jahres und fällt an der Westküste am stärksten aus. Regefälle im Monsun gehen über die Normalvorstellung von Regen hinaus und können sich eher wie eine Regenwand vorgestellt werden, die mit einem durchgehenden ohrenbetäubenden Lärm hinunterfällt und fällt und fällt ... und man sich denkt, jetzt ist alles hinüber und überflutet und am nächsten Tag oder ein paar Stunden später scheint die Sonne wieder und die Luftfeuchtigkeit ist um ein Vielfaches gestiegen.

Der Monsun geht von ungefähr Juni bis September/ Oktober (variiert nach Region). Das heißt, dass von einer Reise in diesen Monaten eher abzuraten ist, außer man plant mit ein, dass es zu Verzögerungen aufgrund von starken Regenfällen kommen kann. Ein weiterer ungünstiger Zeitpunkt sind die

Sommermonate. Die heißeste Zeit ist von April bis Juni und heiß in dem Sinne, dass es unerträglich ist, in der Sonne zu sein, und man beim Nichtstun schwitzt. Ein praktischer Tipp hier am Rande: Wenn man sich nicht ständig mit der Hand den Schweiß aus dem Gesicht wischen will, ist ein Stofftaschentuch ein Alltagsretter. Fast alle haben dieses kleine Stofftaschentuch bei sich und befreien sich so auf etwas hygienischere Weise von den lästigen Schweißtropfen. Die Benutzung von Sonnencreme hat sich damit auch erübrigt, da man sie binnen kurzer Zeit einfach wieder weggeschwitzt oder wischt hat.

Bleibt festzuhalten, dass von April bis Juni wegen Hitze und Juni bis Oktober wegen Monsun nicht die ideale Reisezeit ist, um Indien zu erkunden. Demnach ergibt sich eine Reisezeit von November bis März. Mit einer Einschränkung, da es im Dezember/Januar in den nördlichen Regionen frisch bis kalt werden kann. Wer jetzt vielleicht denkt, dass man einfach die Heizung aufdrehen kann im Winter, den muss ich leider enttäuschen, denn es gibt in den meisten Häusern keine Heizungen/Heizkörper. Die Gebäude sind so konstruiert, dass kurz unter der Decke nochmal Fenster oder Öffnungen eingebaut sind, sodass im Sommer die heiße Luft entweichen kann. Das heißt natürlich auch, dass im Winter die warme Luft entweichen kann, aber da der Winter deutlich kürzer dauert als der Sommer, wird das in Kauf genommen. In den Bergregionen, die den Himalaya vor der Tür haben, wird jedoch auf die Extra-Öffnungen verzichtet und die Decken sind deutlich niedriger als in anderen Regionen.

VON MENSCHEN UND TIEREN

In Indien gibt es ein Sprichwort, das besagt, dass ein Gast ein Gott ist. Daran orientiert sich die Gastfreundschaft der Menschen, die im Vergleich zu Deutschland um einiges wärmer und herzlicher ausfällt.

Das kann im ersten Moment etwas ungewohnt und abschreckend wirken, wenn ein Fremder einen zum Teetrinken einlädt. Er öffnet Ihnen sein Zuhause und lässt Sie teil an dem Privatleben haben. Falls Sie in diese Situation kommen, können Sie diese Einladung gerne annehmen, da es teilweise schon an Unhöflichkeit grenzt, wenn Sie eine Einladung ablehnen. Es kommt natürlich immer auf die

Situation und den Kontext darauf an, aber wenn Sie die Situation als sicher und unbedenklich einschätzen, dann steht einer Tasse Tee nichts im Wege. Um auf respektvolle Weise die Einladung wertzuschätzen, können Sie zum Beispiel die Schuhe vor dem Betreten des Hauses auszuziehen, wenn es denn Ihre Gastgeber ebenfalls tun. Eine Tasse Tee bietet eine gute Gelegenheit, um mit Einheimischen ins Gespräch zu kommen und über das Leben der Menschen mehr zu erfahren.

Neben Gastfreundschaft zählt auch Hilfsbereitschaft zu einer der Eigenschaften. Wenn Sie nach dem Weg fragen oder am Bahnhof Ihren Zug suchen, sind die Menschen für gewöhnlich sehr hilfsbereit. Das gilt auch für Mitreisende im Zug, die die Zugfahrt gerne nutzen, um auch mehr von Ihnen und Ihrem Leben zu erfahren. Vor meiner ersten Zugfahrt wurde mir geraten, kein Essen von Mitreisenden zu akzeptieren. Das hat auf einer 30-stündigen Zugfahrt eher schlecht geklappt, da die Mitreisenden mitunter recht hartnäckig ihren Proviant angeboten haben. Bei Chips, Nüssen, Keksen etc. brauchen Sie sich eher weniger Gedanken machen und auch wenn es eine Familie ist. Wenn Ihnen nicht danach ist, können Sie versuchen, das Angebot höflich dankend abzulehnen. Werden Sie dabei aber bitte nicht harsch oder ungeduldig, denn das kann schnell als unhöflich empfunden werden. Üben Sie sich in Geduld und sagen Sie lächelnd „Nein, danke", notfalls mehrmals.

Wie in jedem Land gibt es auch die andere Sorte Mensch, mit denen Sie hoffentlich keinen Kontakt haben werden. Tourismus ist eine gute Einnahmequelle für verschiedene Branchen. Neben Hotels, Restaurants etc. gibt es auch diejenigen, die die finanzielle Situation der Reisenden ausnutzen wollen. Vor allem in sehr touristischen Gebieten gibt es Läden, meistens eine Art Souvenirläden, die Touristen in das Geschäft locken und Sie zum Kauf von irgendwelchen Artikeln überreden wollen. Daraus können unangenehme Situationen entstehen und sobald Sie bemerken, dass Sie in diese Masche hineingeraten sind, sollten Sie den Laden verlassen. Es gibt auch beauftragte Rikscha-Fahrer, die Touristen – gegen ihren Willen – zu diesen Geschäften fahren und eine Art Provision kassieren. Meistens hat der Fahrer mehr als nur einen Laden anzufahren und hier gilt auch, wenn Sie merken, dass Sie von einem Geschäft zum nächsten gefahren werden, und eigentlich woanders hin wollten, dann suchen Sie sich am besten eine neue Mitfahrgelegenheit.

Neben vielen Menschen treiben sich in Indien auch viele verschiedene Tierarten herum. Ganz vorne mit dabei sind die Kühe. Im Hinduismus gelten die Tiere als heilig und das Schlachten der Kuh ist offiziell in ganz Indien verboten. In manchen muslimischen Gebieten finden sich aber Metzgereien, die „Beef" verkaufen.

Kühe, die seelenruhig im Straßenverkehr mitlaufen oder auf der Straße stehen bleiben und dadurch den Verkehr umleiten, sind ein gewohnter Anblick. Nach Kühen sind vermutlich Hunde das am zweistärksten vertretene Tier auf der Straße.

Manchmal streunen sie vereinzelt umher, manchmal sind es mehrere, aber in den allermeisten Fällen sind sie harmlos und kommen den Menschen nicht zu nahe, da sie sonst mit Steinen, Stöcken oder Tritten rechnen müssen. Lediglich Rollerfahrer werden von Hunden ab und zu gejagt. Manche Reiseführer empfehlen eine Tollwut-Impfung, wenn man nach Indien reist. Ich würde die Impfung nur empfehlen, wenn Sie für längere Zeit in Indien wohnen oder reisen werden. Sprechen Sie am besten mit Ihrem Arzt über Ihre Reise und er wird Ihnen weiterhelfen können. Aggressiver als die Straßenhunde sind die Affen, die in Teilen Indiens vorkommen und übrigens auch Tollwut übertragen können. Diese sind nämlich nicht zurückhaltend und scheu, sondern können aggressiv werden. Deswegen sollten Sie, wenn Sie an Orte fahren, wo Affen sind, unbedingt immer darauf achten, kein Essen oder Trinken sichtbar zu tragen. Selbst bei einer Wasserflasche zögern die frechen Tiere nicht lange.

Ansonsten gibt es auch noch ein paar Tiere, deren Weg man hoffentlich nicht kreuzt. Dazu zählen vor allem Schlangenarten, wie die Kobra, die sich vor allem in ländlichen, feuchten Gebieten wohlfühlt. Falls Sie also jemals eine Wiese (im Dunkeln) überqueren sollten, dann stampfen Sie am besten heftig und trällern dabei noch ein Lied vor sich hin. Denn Erschütterung und Geräusche wird Ihnen die Tiere fernhalten. Ab und zu kann es passieren, dass ein Kakerlake im Badezimmer auf Sie wartet. Wenn die Kakerlake schnell genug ist, flüchtet Sie sich durch Abflusslöcher in Sicherheit. Ansonsten trifft sie wohl Ihr heranschnellender Besen. Achten Sie aber danach darauf, alles wegzuwischen, denn wenn Sie eine weibliche Kakerlake zerquetschen, die Eier in sich trug, haben Sie zwar das Muttertier aus Ihrem Badezimmer geschafft, aber nicht deren Nachkommen. Übrigens, wussten Sie, dass Indien ein Nationaltier und einen Nationalvogel hat? Dem Tiger und dem Pfau kommen diese beiden besonderen Rollen zu.

MEHR ALS NUR SALZ UND PFEFFER – ESSEN UND TRINKEN

Wer in Indien zu KFC oder McDonald's geht oder sich nur von Brot und Bananen ernährt, dem entgeht auf jeden Fall etwas! Denn das Essen in indischen Restaurants in Deutschland entspricht meistens nicht dem, was man in Indien bekommen kann. Auch wenn sich die Küche regional stark unterscheidet, so ist die Geschmacksvielfalt und Gewürzpalette um einiges breiter als bei manchen traditionellen deutschen Gerichten, die lediglich mit Salz und Pfeffer verfeinert werden.

Einen deutlichen Vorteil liefert die Größe des Landes, denn es wachsen die verschiedensten Obst-,

Gemüse- und Getreidesorten in einem Land, sodass von diesen Dingen wenig importiert werden muss. Ob Reis, Kokosnüsse, Mangos oder Äpfel, jede Region bietet einen geeigneten Anbauort für eine andere Sorte. Wussten Sie, dass die größte Frucht der Welt in Indien wächst? Es handelt sich hierbei um die Jackfrucht, deren süßer Geschmack und längliche Form (bis zu einem Meter lang) einzigartig ist. Nicht zu verwechseln mit der Nationalfrucht Indiens, denn das ist die Mango. Wer sich vegetarisch oder vegan ernährt, wird immer eine Auswahl finden, da sich viele Hindus wegen ihres Glaubens vegetarisch ernähren.

Um den Eisenhaushalt muss man sich aber keine Sorgen machen, da es viele Gerichte mit (roten) Linsen gibt, die für genügend Energie sorgen. Die Grundlagen für einen Großteil der Gerichte stellen entweder Reis oder Brot dar, jeweils in den verschiedensten Formen und Zubereitungsarten. Das geschätzte Schwarzbrot wird man eher selten oder nur an stark touristischen Orten finden, denn die Brotarten werden mit Weizenmehl gebacken. Die gängigsten Brotarten sind dünne, weiche Brotfladen (Chapati oder Roti genannt), Brotfladen mit Öl

(Naan) oder frittierte Brotfladen (Puri). Chapati und Naan werden im Norden häufiger gegessen als im Süden. Dort rücken an die Stelle von Brot Reisfladen, dem sogenannten Dosa. Dosa ist ein crêpeartiger, großer, runder und knuspriger Fladen, der aus einem speziellen fermentierten Reis-Linsen-Püree gebraten wird. Diese Protein- und Calciumquelle wird auch für die verwandten Idli eingesetzt, die gegarte kleine runde Reiskuchen sind. Während man Chapati mit Gemüsecurrys isst, gibt es zum Dosa verschiedene Soßen oder Chutneys (salziger Dip). Wer es noch fülliger mag, kann die Masala Dosa probieren, die als Rolle oder zusammengeklappt serviert wird und eine würzige Kartoffelmischung versteckt. Generell ist gefüllter Dosa absolut probierenswert, denn es bleibt nicht nur bei Kartoffeln, sondern die verschiedensten

Gemüsecurrys und/oder Käse (paneer) dienen ebenfalls als Füllung. Wenn es eine Sache in ganz Indien gibt, dann ist es Reis. Aber Reis ist nicht gleich Reis, denn es gibt verschiedene Sorten, Soßen und Beilagen. Eine gängige Kombination ist beispielsweise Reis mit Daal und Gemüsecurry. Daal ist eine würzige, gelbe, dickflüssige Soße aus roten Linsen, die zusammen mit dem Reis gegessen wird. Als Basis für ein Curry dienen die verschiedensten Gemüsesorten, aber es gibt beispielsweise auch Currys aus unreifen Mangos, Jackfrüchten, Kokosnüssen etc. Vor allem in Süden, wo die Kokosnussfarmen sind, wird viel mit Kokosnuss gekocht.

All diese Gerichte klingen unglaublich lecker und vor allem gesund. Wie kann es dann sein, dass Indien laut des Welt-Diabetes-Berichts der WHO eines der Länder ist, das die meisten Diabetes-Typ-2-Fälle hat? Also die Zuckerkrankheit, die unter anderem durch schlechte Ernährung verursacht wird. Das liegt zum einen an den extrem gezuckerten und in Sirup getränkten Süßspeisen. Diese Naschereien kann man natürlich probieren, wenn man vor Ort ist, aber man sollte es nicht übertreiben. Zum anderen haben auch Fastfood und Softdrinks vor Indien nicht Halt gemacht und sorgen dafür, dass vor allem die finanziell besser gestellte Bevölkerungsschicht an der Zuckerkrankheit erkrankt, da importierte Waren teurer als die lokal erhältlichen Produkte sind. Eine weitere verbreitete Zuckerbombe ist der beliebte Chai. Viele trinken mehrmals täglich ein Tässchen Schwarztee, der in Milch gekocht wird und nach

Belieben mit Gewürzen verfeinert werden kann. Aber vor allem sind in dem Tee hohe Zuckermengen versteckt. Ein Chai ohne Zucker ist unüblich und so nicht erhältlich, sondern muss, wenn überhaupt möglich, extra bestellt werden. Mehrere Löffel Zucker in einer kleinen Tasse Tee sind die Regel und wenn man das auf einen Tag oder Woche hochrechnet, ergibt das Ergebnis der WHO-Studie auf einmal mehr Sinn. Wer auf eine etwas gesündere, aber dennoch zuckrige Energiequelle setzen möchte, kann sich an den Saftständen durchprobieren. Zwar werden die Säfte teilweise zusätzlich mit Zucker gesüßt, aber da sie einzeln und nicht in großen Töpfen zubereitet werden, können Extra-Wünsche leichter beachtet werden. Die Säfte werden je nach Saison aus den verschiedensten Obstsorten frisch gepresst: Ananas, Granatapfel, Mango, Limone, Weintrauben oder was es sonst noch so gibt. Die meisten Säfte sind auch als Milchshake erhältlich. Wer einmal einen Mangoshake probiert hat, wird die mit Zusatzstoffen bereicherten Erdbeershakes in Deutschland nicht mehr genießen können.

In Indien ist das Essen mit der rechten (!) Hand weit verbreitet und in Restaurants werden normalerweise keine Bestecke serviert. Touristen sind in Indien anhand ihres Verhaltens schnell zu enttarnen und so passiert es oft, dass man im Restaurant extra einen Löffel dazu bekommt. Wer sich ein stückweit anpassen möchte, sollte es probieren, mit der Hand zu essen und nach ein paar Versuchen wird es auch klappen. Außerdem ist das Esserlebnis mit der Hand intensiver, als wenn man ein kaltes Metall in den Mund schiebt. Um die Hände vor und/oder nach dem Essen zu waschen, gibt es dafür an allen Orten, wo es etwas zu essen gibt, auch eine Möglichkeit dazu. Gegen hartnäckigen Essensgeruch an den Fingern hilft das Einreiben mit einem Stück Zitrone. Als kleine Verdauungshilfe und für einen frischeren Atem gibt es am Ausgang vieler Restaurants ein kleines Schälchen mit gezuckertem Fenchel. Die Körner sind eine Art Kaugummi-Ersatz.

Vor dem Verlassen des Restaurants kommt natürlich noch das Bezahlen und damit im Zusammenhang die Frage nach dem Trinkgeld. Oft wird einem die Rechnung in einer Mappe auf den Tisch gelegt, man legt das Geld hinein und bekommt das Wechselgeld zurück. Wenn auf der Rechnung bereits „Service Charge" aufgelistet steht, entspricht das dem

Trinkgeld. Diesen Betrag kann man mitbezahlen, man ist allerdings nicht dazu verpflichtet. Wenn diese Service-Gebühr noch nicht abgerechnet wurde, kann man, wenn man das Wechselgeld aus der Mappe genommen hat, einfach wieder ein bisschen was hineinlegen und gehen. Auch wenn es nicht einmal zwei Euro sind, ist ein Trinkgeld über 100 Rupien sehr ungewöhnlich, da vermutlich das Essen für eine Person nicht einmal so viel betragen würde. Um auf der sicheren Seite zu sein, kann man nach einem normalen Essen für eine Person zwischen 10 und 30 Rupien in der Mappe liegen lassen.

Ein weiteres wichtiges Thema bei Getränken ist Alkohol. Die Gesetze rund um das Thema Alkohol entscheiden die einzelnen Bundesstaaten, wodurch es zu starken Abweichungen bei der Handhabung kommt. Ein generelles Verbot besteht aber in dem Trinken in der Öffentlichkeit. Alkoholische Getränke dürfen nicht (!) öffentlich draußen konsumiert werden. An dieses Verbot sollte man sich auf jeden Fall halten, um sich unnötigen Ärger zu sparen. In manchen Bundesstaaten ist der Verkauf und Konsum von Alkohol gänzlich verboten. Dazu zählen Bihar, Gujarat und Nagaland. Bihar beispielsweise zählt zu den ärmsten Bundesstaaten Indiens und hat Alkohol deshalb verboten, da vor allem viele Bauern Trost im Alkohol suchen und somit das geringe Einkommen der Familie vertrinken. Dadurch verschärft sich die ohnehin schon finanzielle Situation und führt darüber hinaus zu sozialen Spannungen. Deshalb ist Alkohol gerade im ländlichen Raum sehr verpönt und man sollte immer den Kontext beachten, bevor man das Thema Alkohol anbringt. Das Alter, um legal Alkohol zu kaufen, variiert ebenfalls und kann von 18 bis sogar 25 Jahren in manchen Bundesstaaten reichen. Um Problemen vorzubeugen, sollte man sich vorher informieren, welche Regeln in dem Bundesstaat gelten, in dem man sich gerade aufhält. Wenn Alkohol käuflich ist, dann gibt es dafür eigene Läden, die nur alkoholische Getränke verkaufen, sogenannte „liquor shops". Alkohol ist nicht im Supermarkt erhältlich und sollte möglichst auch nicht von Straßenhändlern gekauft werden, da die Qualität nicht gesichert ist. In großen Städten gibt es oft ein Ausgehviertel, in dem auch Bars zu finden sind, die ebenfalls Alkohol ausschenken. Die Preise für alkoholische Getränke sind im Vergleich zu den übrigen Essens- und Getränkepreisen sehr hoch. Eine

Flasche des berühmten indischen Kingfisher-Biers kostet im Laden ungefähr 100 Rupien. In einer Bar circa das Zwei- bis Dreifache, sodass man sich den deutschen Bierpreisen schnell annähert. Das, verglichen mit dem Rest der Lebenshaltungskosten, ist ein Luxus und den können sich nur die leisten, die auch gut verdienen.

In manchen Städten gibt es ein Ausschankverbot nach einer bestimmten Uhrzeit. Die Clubs müssen sich auch an eine Sperrstunde halten und können nicht bis sechs Uhr morgens durchmachen. Das hat aber den Vorteil, dass man relativ früh wieder zuhause ist und der nächste Tag nicht verloren ist.

Um den täglichen Wasserbedarf zu stillen, müssen Sie auf gekauftes Wasser umsteigen, denn das Leitungswasser in Indien ist nicht trinkbar! Versuchen Sie auch zum Zähneputzen abgepacktes oder gefiltertes Wasser zu benutzen. Viele Menschen in Indien wissen, wie es um die Qualität des Trinkwassers bestellt ist und trinken somit ebenfalls kein Leitungswasser. Ein weit verbreitetes Mittel sind Wasserfilter, die in den meisten Restaurants und sogar in kleineren Straßenküchen Verwendung finden. Achten Sie darauf, genügend zu trinken und eine

Wasserflasche dabei zu haben und Sie bei Gelegenheit immer wieder aufzufüllen.

REISEAPOTHEKE

Trotz des guten Essens kann es passieren, dass der Magen mit den vielen neuen Gewürzen und der Schärfe nicht so ganz klar kommt, vor allem wenn man normalerweise nicht scharf isst. Deshalb ist ein Must-have der Reiseapotheke ein Mittel gegen Durchfall. Gerade auf Reisen kann es sonst sehr lästig werden. Ein Gericht, das mir in Indien bei Magenproblemen empfohlen wurde, ist Reis mit Joghurt. Es beruhigt den Magen und versorgt den Körper gleichzeitig mit Energie.

Als nächstes sollten die gewohnten Medikamente bei einer Erkältung mit in die Tasche. Durch die teilweise stark klimatisierten Räume, Züge oder Autos und dem starken Unterschied zur Außentemperatur kann man sich relativ leicht eine Erkältung einfangen. Generell und vor allem während des Monsuns ist Mückenschutz in Form von Sprays, Moskitonetzen, Duftkerzen etc. unausweichlich. Man wird es nie ganz vermeiden können, ein paar

Mückenstiche abzubekommen, weshalb ein kühlendes oder juckreizstillendes Gel ebenfalls dabei sein sollte. Die Mücken lassen sich auch durch lange Kleidung etwas abhalten, vor allem, wenn es luftige Sachen sind und sie nicht eng anliegen. Ein weiterer nützlicher Begleiter ist ein Fläschchen Desinfektionsmittel für alle Fälle. Nicht immer ist Wasser und Seife zur Stelle, wenn man es braucht, sodass ein bisschen Desinfektionsmittel oder Reinigungstücher aushelfen können.

Apropos Tücher, in Indien ist Toilettenpapier kein übliches Toilettenutensil. Anstelle von Klopapier gibt es eine Handwasserspritze oder als vereinfachte Variante einen Eimer Wasser und einen Becher. Falls Ihre Anpassungsbereitschaft (noch) nicht auf dem Level angekommen ist, sollten Sie ein bisschen Papier für alle Fälle einstecken. Eine Rolle Toilettenpapier kostet in Indien ca. 1 € und ist damit ein echtes Luxusgut. Da das Kanalisationssystem nicht für 1,2 Milliarden Toilettenpapiernutzer ausgelegt ist, steht bei vielen Toiletten ein Eimer daneben, wo man das benutzte Toilettenpapier hineinwirft, um die Kanalisation nicht zu verstopfen. Da wir gerade schon bei den stillen Örtchen sind, in Indien gibt es verschiedene Arten von Toiletten. Einmal die, wie in Deutschland, mit Klositz, und dann gibt es noch die kontaktlose Variante, bei der man sich über ein Loch im Boden hockt. Das wirkt vielleicht anfangs etwas befremdlich, aber an sich ist die Lösung gerade für Züge oder öffentliche Toiletten hygienischer, da man mit keinem Körperteil den Toilettensitz berührt. Bei manchen Zugtoiletten können Sie direkt die Gleise unter sich vorbeiziehen sehen, weshalb die Toilette in einem Bahnhof nicht verwendet werden sollte.

MUST-HAVE – DIE WICHTIGSTEN DINGE DER PACKLISTE ZUSAMMENGEFASST

Fassen wir noch einmal zusammen, was unbedingt mit in Ihren Rucksack sollte. Darin liegt bereits der erste Tipp: Nehmen Sie einen großen Rucksack mit und keinen Koffer. Es gibt ausgeklügelte Reise- und Trekkingrucksäcke, die auch für längere Reisen geeignet sind und bei denen sich eine Investition lohnt. Sie haben in Indien keine garantiert durchgängigen Gehwege bzw. keine, die durchgehend begehbar sind. Da Sie damit beschäftigt sein werden, wo Sie hinlaufen, sollten Sie sich nicht auch noch Gedanken um einen hinterher hinkenden Koffer machen. Außerdem haben Sie durch einen Rucksack alles, was Sie brauchen und haben, nah an Ihrem Körper, wo es keiner so schnell herunterbekommt.

Versuchen Sie, lange, aber luftige Hose einzupacken. Einerseits sind Sie so vor Sonne und Mücken geschützt, andererseits kommt ein bisschen Wind an Ihre Beine. In manchen Gegenden sind kurze bzw. sehr kurze Hosen und andere Kleidungsstücke unüblich und können Ihnen unangenehme Blicke einbringen. Da das jedoch stark regionsabhängig ist, werfen Sie einfach einen kurzen Blick aus dem Fenster, bevor Sie losgehen. Dadurch können Sie am besten einschätzen, wie sich die Menschen draußen kleiden. Um auf der sicheren Seite zu sein, kleiden Sie sich knie- und schulterbedeckt mit keinem übergroßen Ausschnitt.

Ein Detail, was Ihnen auffallen wird, ist, dass die große Mehrheit Sandalen und vor allem Flip Flops trägt. Daher ist ein Paar bequeme Zehentrenner ein Must-have in Ihrem Rucksack. Selbst bei Regen ist dieses Schuhwerk praktisch, da das Wasser einfach hindurch fließen kann und Sie sich nicht erst über

Ihre undichten Sneakers ärgern müssen. Außerdem hält dem Monsunregen keine Imprägnierung stand. Dazu fertigen Ihnen die Flip Flops ein nettes Andenken an Ihre Reise an, indem sie Ihren Fuß rund um die Riemen bräunen. Ein wärmerer Pullover oder Jacke sollte ebenfalls mit, da es trotz sommerlicher Temperaturen durch Klimaanlagen schnell kalt werden kann und darüber hinaus nicht alle Regionen Indiens durchgehend tropisches Klima haben.

Wer möchte, kann einen kleinen Reiseführer mitnehmen, um beispielsweise die Kontaktdaten von Hotels oder Restaurants griffbereit zu haben. Ein weiterer nützlicher Reisebegleiter ist eine Tube Reisewaschmittel. Durch Staub und Schweiß haben Sie einen hohen T-Shirt-Verbrauch und Sie sparen sich Platz im Rucksack, wenn Sie anstatt fünf weiterer Shirts einfach ein bisschen Waschmittel mitnehmen. Die Sachen sind im Nu wieder getrocknet und Sie können sie am nächsten Tag wieder anziehen. Wie bereits angesprochen gehören Desinfektionsmittel und Mückenschutz in jeden Indien-Rucksack. Was die offiziellen Dinge angeht, so denken Sie an Ihren Reisepass, Kreditkarte und vielleicht eine Kopie Ihres Impfpasses. Eine Kopie des Reisepasses ist ebenfalls ratsam, falls Sie ihn verlieren oder er Ihnen geklaut werden sollte. Alternativ können Sie all Ihre wichtigen Dokumente einscannen und sich selbst per Mail schicken. Dann haben Sie von überall, wo Sie Internet haben, Zugriff auf Ihre Dokumente. Informieren Sie sich auch vorab bei Ihrer Krankenversicherung, ob Sie für Indien eine zusätzliche Versicherung abschließen müssen.

Bengaluru für Beginner

Nachdem Sie jetzt wissen, was Sie alles mitnehmen sollten, bleibt nur noch die Frage offen: Wohin genau? Als sanften Einstieg und Startpunkt für Ihre erste Indienreise schlage ich Bengaluru vor. Warum genau, das erfahren Sie in diesem Kapitel.

VON DER GARTENSTADT ZUM SILICON VALLEY INDIENS

Bengaluru ist seit 2014 der offizielle Name der Stadt. Die Briten hatten während ihrer Kolonialherrschaft die Städtenamen, die für sie zu schwierig zum Aussprechen waren, einfach in für sie leichter aussprechbare Namen umgewandelt, wodurch Bengaluru zu Bangalore wurde. Nun wurde die Stadt wieder sozusagen zurück benannt. Bengaluru ist die Hauptstadt des südindischen Bundesstaats Karnataka und heutzutage bekannt als globalisierte Stadt mit aktivem Nachtleben und einer blühenden IT-Industrie.

Doch das war nicht immer so. Früher war Bangalore aufgrund seines grünen Stadtbilds vor allem als Gartentstadt Indiens bekannt. Mittlerweile mussten viele Bäume dem Metro-Projekt der Stadt und größeren Straßen weichen, sodass zwei indische Forscher schon 2010 in ihrer Studie zu dem Schluss kommen, dass Bengaluru gerade dabei ist, seinen Baumbestand auf signifikante Weise zu reduzieren[1].

---

[1] Nagendra, H., & Gopal, D. (2010). Street trees in Bangalore: Density, diversity, composition and distribution. *Urban forestry & urban greening*, *9*(2), 129-137

2019 stufte der City Momentum Index von JLL (Jones Lang LaSalle) Bengaluru als die weltweit am schnellsten wachsende Stadt ein. Moderne Wolkenkratzer, Industrie- und Gewerbeparks sind über die Stadt verteilt und haben einer zu Veränderung nicht nur des Stadtbilds, sondern auch der Gesellschaft geführt. Internationale Unternehmen fanden in Bengaluru einen Standpunkt und zogen gut ausgebildete, englischsprechende Arbeitskräfte aus dem ganzen Land und darüber hinaus an. Das Viertel Whitefield im Osten der Stadt ist bekannt für seine modernen Bürogebäude und als schicke Wohngegend.

LEBEN IN DER STADT

Die offizielle Regionalsprache des Bundesstaates ist Kannada (nicht zu verwechseln mit dem Land Kanada). Wegen des Zuzugs vieler Menschen aus anderen Regionen des Landes herrscht jedoch ein breiter Mix an Sprachen. Ein weiterer Faktor, der viele Menschen anzieht, ist die klimatisch günstige Lage der Stadt. Durch die Dekan-Hochebene liegt Bengaluru auf einer Höhe von 900 Metern und hat dadurch ein deutlich angenehmeres Klima als viele der benachbarten südindischen Städte. Universitäten, Arbeitsplätze und ein gutes Klima haben dazu geführt, dass Bengaluru in den letzten Jahren zu Indiens drittstärkster bevölkerter Stadt wurde. Ansonsten finden sich in Bengaluru alle Geschäfte, die man sucht. Neben bekannten Markenläden wie adidas, Levi's, H&M oder Decathlon gibt es zahlreiche lokale Geschäfte. Wenn Sie frischen Wind in Ihren Kleiderschrank bringen wollen, empfiehlt sich ein Besuch bei Fabindia. Das ist eine indische Handelskette, die Kleidung, Möbel, Accessoires, Drogerieartikel und sogar Gewürze und Tees verkauft. Also ein buntes Gemisch an schönen Dingen, in denen man sich schnell ein paar Stunden lang verlieren kann.

Um eine Verschnaufpause von der Großstadt zu bekommen, gibt es zwei große Parks, die zu einem Spaziergang oder Picknick einladen. Dazu gehören der Cubbon Park und der botanische Garten Lalbagh. Letzterer hat zusätzlich regelmäßig Pflanzenausstellungen zu besichtigen. Nach einem entspannten Spaziergang im Park kommt vielleicht der Wunsch nach einem Café auf. Zwei berühmte indische Caféketten sind Café Coffee Day oder das Indian Coffee House. Wem nach einem Vanille-Cappuccino mit einem

Stück Haselnusstorte ist, der sollte zu Café Coffee Day gehen und sich auf deutsche Café-Preise einstellen. Wem ein Chai und ein Marmeladentoast genügen, der ist bei Indian Coffee House gut aufgehoben und bezahlt nur einen Bruchteil davon. Das Preis-Leistungs-Verhältnis ist bei dem indischen Kaffeehaus sehr gut, sodass sich auch ein Frühstück oder Brunch lohnen. Andere Freizeitmöglichkeiten wären zum Beispiel ein Kinobesuch, der oft mit einem Mall-Besuch einhergeht, da viele der Kinos in großen Malls sind.

TRANSPORTMITTEL – AM SCHNELLSTEN VON A NACH B

Der Boom der Stadt führte leider auch dazu, dass die Infrastruktur stark überlastet ist, was sich vor allem zu den Stoßzeiten im Straßenverkehr zeigt, sodass mittlerweile der Verkehr und vor allem die Staus bekannt sind. Bengaluru ist neben der IT-Branche bekannt für seinen Verkehr – und das will etwas heißen in Indien. Für eine Strecke von 10 km kann es gut und gerne eine Stunde mit dem Auto dauern, bis man an seinem Zielort ankommt.

Da kommt vielleicht die Frage auf, warum fährt man dann nicht mit dem Fahrrad oder geht zu Fuß? Ganz einfach aus dem Grund, dass die Autos schon nicht genügend Platz auf den Straßen haben und es als Fahrradfahrer an Selbstmord grenzt. Hinzu kommt noch die Luftverschmutzung, die der viele Verkehr mit sich bringt und man als Fußgänger besser beraten ist, die Zeit im Auto abzuwarten. Um sich in der Stadt fortzubewegen, haben sich die Apps Uber und Ola als sehr hilfreich erwiesen. Per App werden private Taxis bestellt und der Fahrer bekommt auf sein Handy die Route und den eigenen aktuellen Standort.

Gerade für Touristen empfiehlt sich diese Variante der Fortbewegung, da die Preise vorher festgesetzt sind und entweder bar an den Fahrer gezahlt werden oder bequem von der Kreditkarte abgebucht werden. So können unangenehme Verhandlungssituationen mit Rikscha-Fahrern vorgebeugt und Wucherpreise vermieden werden. Bei Ola können sich auch Rikscha-Fahrer registrieren und zu festgesetzten Preisen die Fahrgäste transportieren. Für eine Kurzstrecke mit einer Rikscha gilt der Einheitspreis von 30 Rupien (umgerechnet circa 0,40 €!). Bei einer längeren Strecke ist jedoch ein geschlossenes Auto angenehmer, da man in dem offenen dreirädrigen Auto genauso den Abgasen der anderen Verkehrsteilnehmer ausgesetzt ist.

Wer Glück hat, kann auch die neuen Metrolinien der Stadt benutzen. Diese sind zwar zu den Stoßzeiten ebenfalls überfüllt, aber da die Züge in kurzen Abständen hintereinander kommen, halten sich die Wartezeiten in Grenzen. Die Metro besteht zurzeit aus zwei Linien und deckt somit nur einen begrenzten Teil der Stadt ab, weitere Linien sind jedoch schon im Bau. Nach einem Security Check mit Metalldetektoren am Eingang geht es auf das Gleis. Ein kleiner Tipp am Rande: Kameras dürfen nicht einfach so mit in die Metro genommen werden. Bei dem Security Check muss man die Kamera „anmelden" und in einer Liste unterschreiben, dass man eine Kamera mitgenommen hat. Um unnötige Wartezeiten zu vermeiden, rate ich Ihnen, die große Kamera an Tagen, an denen Sie die Metro nehmen, zuhause zu lassen und auf Handykameras umzusteigen. Mit der Metro umgehen Sie den Straßenverkehr und können sich so am schnellsten fortbewegen. Das Zentrum der Stadt und die Sehenswürdigkeiten sind größtenteils mit der Metro erreichbar oder zumindest kann ein Teil der Strecke mit der Metro gefahren und anschließend noch ein Taxi genommen werden. Jetzt wissen Sie, wie Sie sich am besten in der Stadt fortbewegen können, aber wie kommt man eigentlich am besten nach Bengaluru?

ANREISE

Wenn Sie mit dem Flugzeug anreisen, kommen Sie am Kempegowda International Airport Bengaluru an. Das ist der neue und moderne Flughafen der Stadt, den Sie mit Bussen oder Taxen erreichen. Von Deutschland gibt es einen Direktflug von Frankfurt nach Bengaluru. Wenn Sie nach Indien reisen, achten Sie bitte darauf, dass Sie dafür ein Visum benötigen!

Neuerdings können sie das Touristenvisum auch online beantragen, was deutlich schneller geht, als alle Unterlagen an das Konsulat zu schicken und auf die Rücksendung zu warten. Sie können ein e-Tourist Visum für einen Monat oder für ein Jahr beantragen.

Das für einen Monat kostet ca. 70 € und dauert nur ein paar Tage in der Bearbeitung. Ohne ein

Visum können Sie nicht nach Indien reisen, da es bereits bei Abflug kontrolliert wird. Nach der Ankunft durchlaufen Sie am Flughafen einen Registrierungsprozess, der mit einem Stempel in Ihrem Reisepass endet. Kontrollieren Sie, ob der Stempel deutlich zu erkennen ist und ob das richtige Datum zu sehen ist. Ansonsten können Sie bei der Ausreise Probleme bekommen. Bei der Ausreise kommt es auch häufig vor, dass die Beamten einem Fragen stellen. Beispielsweise wollen sie Ihren vollständigen Namen oder den der Eltern wissen (ist beim Visumsantrag auszufüllen) oder auch, was man genau in Indien gemacht hat und wo man überall war. Lassen Sie sich von diesen Fragen nicht verunsichern, sondern überlegen Sie bereits im Voraus, wo Ihre Reiseroute langführte, damit Sie zügig antworten können.

Wenn Sie bereits in Indien sind und Bengaluru Ihr nächster Stopp ist, dann stellen Züge eine gute Alternative zum Flugzeug dar. Wenn Sie sich für den Zug entscheiden, sollten Sie sich nochmal die Tipps im entsprechenden Kapitel durchlesen. Überlandbusse gibt es natürlich auch, allerdings rate ich Busfahren nur indienerprobten Reisenden, da die Busterminals normalerweise unübersichtlicher sind als ein Bahnhof und man bereits im Voraus wissen sollte, wo genau der Bus abfährt.

HOTELS & RESTAURANTS

Nachdem Sie nun wissen, wie Sie nach Bengaluru kommen, stellt sich die Frage, wo man eine gute Unterkunft findet. In einer Metropole wie Bengaluru gibt es natürlich unzählige Übernachtungsmöglichkeiten, weshalb es ratsam ist, sich ein Viertel oder eine Gegend auszusuchen, in der man vorübergehend wohnen möchte.

Ein Großteil der Unterkünfte befindet sich in dem Viertel Indiranagar östlich des Zentrums. Indiranagar ist unter anderem das bekannteste Ausgehviertel der Stadt, sodass sich auch eine Vielzahl an Bars, Restaurants und jungen Leuten hier finden. Ein Hotelzimmer in Indiranagar kostet 20 bis 40 € pro Nacht. Ein Schlafplatz in Hostels oder Bed and Breakfast ist auch schon für 10 € zu haben, beispielsweise in dem Social Rehab Hostel oder ganz in der Nähe das Backpacker Panda Bengaluru. Ein Vorteil der Hostels ist, dass man dort viele junge, durch Indien reisende Menschen trifft, die Hostels als

Treffpunkt nutzen, um sich über ihre Erfahrungen auszutauschen und auch neue Reisegefährten zu finden. Wer es etwas luxuriöser haben möchte, findet im Zentrum einige Möglichkeiten. Das Taj West End, das Marriott Hotel oder The Park Bangalore sind Vier- bis Fünf-Sterne-Hotels, die auf Ihren Besuch warten. Viele Hotels organisieren entweder selbst Touren zu Sehenswürdigkeiten oder können Kontakte zu Tourenführern vermitteln, sodass man auch gleich eine Anlaufstelle hat, um die Stadt zu erkunden. Wenn Sie gefragt werden, ob Sie ein AC-Zimmer oder ein non-AC-Zimmer möchten (klimatisiert oder unklimatisiert), sollten Sie wissen, dass AC-Zimmer immer etwas teurer sind. Auch wenn in non-AC-Zimmern keine Klimaanlage ist, gibt es einen Deckenventilator, der ebenfalls Abkühlung bringt und nebenbei um einiges umweltschonender ist.

Generell können Sie ein Zimmer entweder online über die direkte Website der Unterkunft oder über Booking-Portale buchen. Sie können auch einfach vorher anrufen und ein Zimmer auf Ihren Namen reservieren lassen. Oft klappt es auch, wenn Sie kurz vorher Kontakt aufnehmen und nachfragen, ob noch Zimmer frei sind. Falls nicht, können Sie einfach im nächsten Hotel anrufen.

Anfangs ging es bereits um das Thema Essen, deshalb erfahren Sie jetzt, wo Sie Orte zum Schlemmen finden. Fangen wir mit Dosa und Idli an. Eine kleine Erinnerung, das waren die Leckereien aus dem fermentierten Reis-Linsen-Püree. Wir befinden uns immer noch in dem Viertel Indiranagar und betreten nun den Madurai Idli Shop, was ein Restaurant mit leckerem hausgemachten Dosa ist. Falls Sie zum Frühstück kommen, können Sie Ihren Tag mit Idli beginnen lassen, denn das ist ein typisches Frühstücksgericht. Falls Sie doch eher Lust auf Dosa haben, dann finden Sie hier verschiedene Arten und können entweder mit der klassischen Masala Dosa (Kartoffelfüllung) beginnen oder doch lieber ein bisschen ausgefallener Paneer Dosa (indischer Käse) essen. Dazu noch eine fresh lemon soda (selbstgemachte Zitronenlimonade, wenn gewünscht ohne Zucker dazu sagen) und Sie werden diesen Ort glücklich verlassen. Ein weiteres kulinarisches Erlebnis bietet das Mavalli Tiffin Room Restaurant, das als MTR besser bekannt ist. Es ist berühmt für Idli und Dosa, aber auch ein Thali ist eine Erfahrung wert. Thali ist eigentlich der Name für den

Teller bzw. die große runde Blechplatte, von der gegessen wird. In die Mitte kommt ein Reisberg und außen herum sind in kleinen Schälchen die verschiedenen Soßen und Currys. Dabei wird der Teller immer wieder von den Kellnern aufgefüllt, die mit Eimern und Schöpfkellen durch das Restaurant ziehen und wenn man nicht schnell genug „Nein, danke" sagt, hat man bereits den nächsten Nachschlag auf seinem Teller. Dabei kann man auch auswählen, von welcher Sache man gerne noch mehr hätte und von welcher nicht. Der Preis für ein Thali im MTR ist mit circa 240 Rupien (3 €) vergleichsweise teuer, aber dafür kann man so oft Nachschlag nehmen wie man möchte und sich durch die verschiedensten Currys durchprobieren.

Natürlich hat Bengaluru Restaurants aus aller Welt, sodass man auch Pizza oder Burger essen gehen kann. Ein Restaurant für sehr gute vietnamesische Küche ist das Phobidden Fruit, ebenfalls in Indiranagar. Der Name orientiert sich an den vietnamesischen Suppen, die Pho genannt werden. Hier wird man der Versuchung nicht widerstehen können und gönnt sich Vorspeise, Hauptspeise und Nachspeise, da einfach alles zu lecker ist. Wie der

Name schon sagt, sind eine Spezialität die Suppen. Aber auch gebratene Nudeln in Erdnusssoße sind sehr überzeugend. Das absolute Highlight ist jedoch der Zitronengraspudding, den man am besten nicht mit der Begleitung teilt, sondern einen für sich alleine bestellt. Preislich liegt das Phobidden Fruit etwas höher, aber bei der Qualität und dem Ambiente ist es absolut akzeptabel. Wir reden von circa 800 Rupien für ein 3-Gänge-Menü für eine Person, also umgerechnet 10 €.

In Bengaluru gibt es auch viele Bars, in denen Sie Ihren Tag ausklingen lassen können. Ein Tipp dafür ist die Bar Toit in Indiranagar, die eine hauseigene Brauerei hat. Die zweistöckige Bar ist eigentlich immer und vor allem am Wochenende sehr gut besucht, weshalb Sie früh genug kommen sollten, wenn Sie noch ein Plätzchen haben wollen. Um sich ein Bild von den Braukünsten zu machen, können Sie eine Bierverkostung bestellen, bei der Sie dann fünf kleine Biere bekommen und Ihren Favoriten herausfinden können. Bei den vielen (jungen) Menschen bietet sich auch eine gute Gelegenheit, um mit Leuten vor Ort ins Gespräch zu kommen.

MUST-SEES IN BENGALURU UND UMGEBUNG

Bengaluru bietet ein breites Angebot an Sehenswürdigkeiten. Paläste, historische Gebäude, Märkte, Parks etc. füllen die Tage in der Stadt im Nu. Ein Wahrzeichen der Stadt ist der Bangalore Palace. Der Palast wurde im 19. Jahrhundert erbaut und gehörte zu der Dynastie Wadiyar, die die Herrscher des Königreichs Mysore stellte. Der Palast ist im Tudor-Stil erbaut und man fühlt sich nach England oder Schottland versetzt, wenn man vor dem massiven Gebäude mit Türmen steht. Mittlerweile beherbergt der Palast verschiedene Kunstausstellungen und ist für die Öffentlichkeit zugänglich.

Die Palastgärten dienen als Kulisse für Konzerte, Hochzeiten und andere kulturelle Veranstaltungen. Der Eintrittspreis für Ausländer beträgt 450 Rupien, was guten 5 € entspricht. Dass Ausländer einen höheren Eintrittspreis zahlen müssen, kommt bei vielen touristischen Attraktionen vor. Im Vergleich zu europäischen Eintrittspreisen sind 5 € für einen Palastbesuch immer noch sehr niedrig. Indische Touristen bezahlen circa die Hälfte. Teurer als der Eintritt für eine Person ist der Eintritt für eine Kamera.

Für eine Fotokamera zahlen Sie 670 INR extra, für eine Videokamera sogar 1000. Auf dem Palastareal befindet sich auch ein Freizeitpark, der Fun World Park, der mit Wasserrutschen und einem Schneeraum für das Vergnügen der Jüngeren sorgt.

Im Zentrum der Stadt lassen sich gleich zwei Sehenswürdigkeiten auf einmal verbinden. Es handelt sich um das Bangalore Fort und den Palast von Tipu Sultan. Die Festungsanlage geht zurück auf das 16. Jahrhundert und wurde von dem Gründer von Bengaluru Kempe Gowda erbaut und später von Tipu Sultan, dem Herrscher des Fürstenstaates von Mysore, erweitert. Die Festung wurde während eines Krieges zwischen den Briten und Tipu Sultan teilweise zerstört und von den Briten 1791 erobert. In Laufweite von dem Fort befindet sich die Sommerresidenz von Tipu Sultan. Großteile des Sommerpalastes sind aus Holz mit außergewöhnlichen Ornamenten und Verzierungen gefertigt.

Ansonsten gibt es in Bengaluru zahlreiche Tempel, manche größer, manche kleiner, die nach eigenem Interesse besucht werden können. Einer der bekanntesten Tempel in der Stadt ist der Tempel Shiv Mandir, der eine 20 Meter große sitzende

Statue des Gottes Shiva beherbergt, eine große Ganesha Statue gibt es auch. Zu dem Tempel pilgern jährlich Tausende von Hindus.

Die Stadt Mysore wurde schon erwähnt und liegt nur 150 km südwestlich von Bengaluru. Mit dem Zug erreicht man die Stadt in ungefähr zwei bis drei Stunden und kann sie entweder als Tagesausflug oder mit einer Übernachtung besuchen. Der Fürstenstaat Mysore wurde von 1399 bis 1950 von der Wadiyar-Dynastie beherrscht, wobei Tipu Sultan und sein Vater die Dynastiereihe unterbrachen, da sie nicht der Familienreihe angehörten. Doch während ihrer Herrschaft erlangte der Fürstenstaat sein größtes Ausmaß und Wohlstand. Das Highlight der Stadt ist der Amba Vilas Palast oder Mysore Palace, der den Herrschern als Residenz diente. Der Palast ersetzt den 1897 niedergebrannten hölzernen Palast und wurde 1912 fertiggestellt. Am besten fahren Sie über ein Wochenende nach Mysore, denn der Palast wird jeden Sonntagabend von über 80.000 Glühbirnen erleuchtet und strahlt wunderschön in die Dunkelheit hinein. Die Palastkulisse wird auch für kulturelle Veranstaltungen verwendet. Eine weitere Attraktion in Mysore ist der Chamundi Hill. Auf dessen Gipfel auf einer Höhe von circa 1000 Metern liegt der Chamundeshwari Tempel. Für Gläubige des Hinduismus ist der Tempel eine Art Pilgerort. Von dem Gipfel aus hat man eine wunderbare Aussicht über die Stadt. Seien Sie jedoch aufmerksam, denn freche Affen treiben dort ihr Unwesen und zögern nicht lange, wenn sie Ihr Essen oder Trinken wollen. Auf den Berg kommt man entweder mit Bussen oder zu Fuß über eine lange Treppe. Als Kompromiss bietet sich die Anfahrt mit Bussen an und der Rückweg kann über die Stufen erfolgen. Dabei erwartet Sie nämlich eine weitere Überraschung, eine gigantische Nandi-Statue, die aus einem einzigen Block schwarzen Granits hergestellt wurde. Wer jetzt nicht weiß, wer Nandi ist: Das ist ein Bulle, der Gott Shiva als Reittier dient.

GEHEIMTIPPS

Was wäre ein Städtetrip ohne Geheimtipps von Menschen, die bereits dort waren? Deshalb an dieser Stelle noch ein paar persönliche Empfehlungen. Neben den historischen Stätten gibt es auch ein paar Orte, um ein richtiges „Indien-Feeling" zu bekommen. Dazu zählt einmal der Blumenmarkt auf dem KR-Markt (Krishna Rajendra Markt). Von außen schaut es aus wie eine normale Markthalle, aber innen tummeln sich Blumenstände, die Blumenketten nach Metern verkaufen. Die Farben der orangeleuchtenden Ringelblumen tauchen das Innere der Halle in ein buntes Blumenmeer. Am besten geht man hoch in den ersten Stock, um das Spektakel von oben zu betrachten. Je früher Sie dort hinkommen, umso besser, denn die Blumenhändler starten bereits früh morgens.

Nach diesem bunten Treiben können Sie sich über den Rest des KR-Markts treiben lassen, aber ich empfehle Ihnen, dort nicht gleich am Anfang hinzugehen, da die Marktstraßen immer überfüllt mit Händlern, Fahrzeugen und Waren sind. Falls Sie danach ein bisschen Ruhe brauchen, würde sich ein Besuch im Lalbagh, dem Botanischen Garten, anbieten, der nicht allzu weit von dort entfernt ist. Wer auf der Suche nach einem kulturellen Angebot ist, findet im Ranga Shankara ein besonderes Theater. Das Theater hat das Motto „Ein Stück pro Tag" und führt Stücke in den verschiedensten (indischen) Sprachen auf. Natürlich gibt es auch ein englischsprachiges

Angebot. Außerdem will das Theater mit niedrigen Ticketpreisen einen Besuch für alle ermöglichen und keine exklusive Theaterwelt aufbauen. Sie sollten aber schnell sein beim Buchen, denn für die Tickets gibt es für gewöhnlich eine hohe Nachfrage! Nach Ihrem Theaterbesuch können Sie sich an der hauseigenen Bar noch erfrischen. Wenn Sie Sehnsucht nach frisch gebackenem Brot oder leckeren Nudeln haben, dann ist das Café Max in Indiranagar eine gute Anlaufstelle. Das Café wird von einem Deutschen betrieben und hat Gerichte aus der deutschen und mediterranen Küche zur Auswahl – und exquisite Kuchen zu deutschen Preisen.

Das Café befindet sich im obersten Stockwerk des Hauses, wo auch das Goethe-Institut zu finden ist. In der kleinen Bibliothek des Instituts können Sie auch die verschiedensten deutschen Zeitungen und Zeitschriften finden und eine kleine Leseecke lädt zum Durchschmökern ein.

TIPPS FÜR DEN KLEINEN GELDBEUTEL

Auch wenn man bereits günstig lecker essen kann in Bengaluru, gibt es noch ein paar Geheimtipps. Es gibt nämlich öffentliche Kantinen, die gerade zum Mittagessen viele Berufstätige anlocken und wo für 0,50 € bis 1,50 € ein üppiges Mittagessen zu bekommen ist. Ein weiterer Vorteil ist, dass es in dem Viertel Indiranagar, wo sich vielleicht auch schon Ihre Unterkunft befindet, diese Kantinen gibt.

Konkret geht es um die CMH Canteen, die eigentlich die öffentliche Kantine eines Krankenhauses ist. Und ja, meine erste Reaktion war auch eher zögernd, als ich davon erfuhr, in einer Krankenhauskantine in Indien zu essen, zumal ich auch noch nie in einer Krankenhauskantine in Deutschland essen war. Doch nach den ersten Mittagessen dort war ich auf jeden Fall überzeugt. Es gibt jeden Tag ein paar Standard-Gerichte und zusätzlich noch zwei weitere Tagesgerichte. Die Portionen waren mehr als ausreichend und ich hatte nie gesundheitliche Probleme oder Ähnliches. Platz für einen Nachtisch ist natürlich trotzdem noch und damit kommen wir auch gleich zu einem nächsten Tipp. Die frisch gepressten

Fruchtsäfte, die an vielen Ständen zu bekommen sind, sind absolut empfehlenswert. Gerade in den Sommermonaten gibt es mango juice, der ohne jeglichen Zuckerzusatz oder Zusatzstoffe eine leckere Vitaminbombe ist. Für einen frisch gepressten Fruchtsaft zahlen Sie circa 0,50 €.

Eine weitere kostengünstige und leckere Erfrischung für zwischendurch sind die tender coconut, was wörtlich übersetzt so viel wie „zarte Kokosnuss" heißt. Wenn Sie am Straßenrand einen Wagen voller hellgrüner überdimensionaler Äpfel sehen, dann sind Sie genau richtig. Die grüne junge Kokosnuss ist sozusagen die Vorstufe zu der harten braunen, die die meisten kennen. Der Verkäufer wird Ihnen zunächst den Deckel abschlagen, sodass Sie das enthaltene Kokoswasser trinken können.

Wenn Sie ausgetrunken haben, geben Sie dem Händler die Kokosnuss zurück, damit er Ihnen die Kokosnuss halbieren kann und Sie noch das junge Fruchtfleisch essen können. Dieser Snack kostet 10 bis 20 ₹ und füllt Sie mit gesunden Nährstoffen. Im Allgemeinen ist das Streetfood in Indien sehr günstig und sehr lecker. Sie sollten jedoch die Situation einschätzen können, ob es sich um sichere Lebensmittel handelt oder nicht. Beispielsweise ist von Eis von der Straße eher abzuraten, da die Kühlmöglichkeiten der Straßenhändler nicht gesichert sind. Anders hingegen schaut es bei gekochten Speisen aus. Rohes Obst und Gemüse sind ebenfalls unbedenklich und auf den Märkten zu billigen Kilopreisen zu bekommen. Denken Sie nur daran, alles gründlich vorher zu waschen.

Wiedersehen garantiert

Wenn Sie nun die Reiselust gepackt hat, dann stürzen Sie sich gleich in die Vorbereitungen für Ihre Indienreise. Ich kann Ihnen versichern, dass ein Besuch nicht reichen wird, um dieses riesige Land kennenzulernen und vor allem zu verstehen. Aber mit der Zeit werden Sie erfahren, wie es ist, in einem Land mit 1,2 Milliarden anderen Menschen zu leben und verschiedene klimatische Zonen auf einer Fahrt quer durch das Land zu durchkreuzen.

Trotz vieler Probleme, Sprachen und Schriften hat es der der Vielvölkerstaat geschafft, ein demokratisches System zu etablieren und auf diese Weise den Menschen ein Mitspracherecht zu geben. Dass in der Umsetzung nicht alles glatt läuft, ist zu einem großen Teil den logistischen Herausforderungen geschuldet, vor die das Land jeden Tag gestellt wird.

Lassen Sie sich nicht unterkriegen, wenn Ihnen nach den ersten Tagen der Kopf brummt und Sie wegen der vielen neuen Eindrücke gar nicht zum Schlafen kommen. Schreiben Sie sie auf und erzählen und begeistern Sie andere von Ihren Erfahrungen.

Indien hat so viel zu bieten und zu entdecken, dass Sie, egal wohin Sie in Indien reisen werden, immer eine neue Facette des riesigen Indien-Mosaiks kennenlernen werden und sich nach und nach ein etwas deutlicheres Bild formen wird.

Herstellung und Verlag:

BoD – Books on Demand, Norderstedt

ISBN: 9783751994392

1. Auflage

Kontakt: Psiana eCom UG/ Berumer Str. 44/ 26844 Jemgum

Covergestaltung: Fenna Larsson

Coverfoto: depositphotos.com